W0363982

Primaria

6

Religión por proyectos

EDELVIVES

kumi

Autores
Carmen Pellicer
Martín Varela

Colaboradores
Fundación TRILEMA

Agradecimiento
Ismael Mena Martín
Miguel Ignacio García Morell

El 0,7 % de la venta de este libro se destina a proyectos de desarrollo de la ONGD SED (www.sed-ongd.org).

Índice

Ponte en marcha 6

Compañeros de camino 8

Experiencias que nos interpelan 10

La Palabra que nos lee 12

Comprendemos nuestra fe 16

La cultura nos habla de Dios 20

Rompiendo moldes 22

Coge el testigo 24

Anunciamos lo que somos 26

Párate y mira 30

Presentación

Emociones a escena

¿Has abierto alguna vez una caja de herramientas? ¡Cuántas cosas y todas diferentes! Martillos, clavos, metro, lija, tuercas, destornillador, sierra… Todo tiene una utilidad importante y necesaria pero, si no aprendes a manejarlas, también podrían hacerte daño a ti o a los demás. Las emociones son, en cierta manera, como las herramientas ¿Te gustaría profundizar en ellas? ¡Las ponemos en escena!

Para este proyecto nos vamos a ayudar de dos elementos: el teatro, con sus actores, guionistas, encargados de atrezo, directores…; y el silencio, que nos ayudará a liberar y expresar los sentimientos mejor que las palabras. ¡Y este es tu reto! Junto con tus compañeros de camino tendrás que escenificar una pequeña obra de teatro sin palabras. Seguro que has visto las inmensas posibilidades expresivas de mimos, marionetas, sombras chinescas… En *Emociones a escena* las conocerás mejor y podrás elegir qué quieres hacer.

¡Bienvenido al mundo del símbolo! Porque a veces las palabras se quedan cortas para nombrar lo que estás viviendo por dentro, ¿a que sí? Miedo, alegría, frustración, calma, tristeza, esperanza, envidia, ira, etc., son emociones que mueven nuestra conducta y ¡qué poco las conocemos! Sentimientos como la búsqueda de sentido de la vida, el deseo de eternidad, el ansia de ser feliz o la necesidad de relación con Dios, acompañan al ser humano desde la prehistoria y se expresa de diferentes maneras que vas a conocer: desde un círculo sagrado hasta un tuit. Cambia la forma pero el corazón del hombre es el mismo.

El apartado «La Palabra que nos lee» nos mostrará cómo podemos ayudarnos del símbolo para nombrar lo invisible, por ejemplo, a través del esfuerzo de Elías por contar su experiencia de Dios. También el gesto de Jesús de lavar los pies a sus discípulos en la noche de su despedida nos habla, más claro que muchas palabras, de cómo es su corazón. ¡Y cuánto amor en el gesto de María a los pies de Jesús! Encontrarás muchas ideas para tu escenificación muda.

«La cultura nos habla de Dios» te introducirá en una máquina del tiempo en la que verás los intentos del ser humano por expresar lo divino a través de construcciones enormes de piedra, rituales que buscan contacto con lo divino, llenos de palabras cargadas de metáforas pero también de silencio, gesto, música y ritmo. Peter Deno conecta especialmente con este universo simbólico y lo expresa con su cuerpo; Alex Grey con su pintura. Y, ahora tú, ¿ya sabes qué vas a hacer?

Te espera un camino muy interesante, tendrás que elegir qué expresión artística te da más posibilidades expresivas ¡recuerda que ha de ser sin palabras!; elaborar un guion, pensar en los personajes, decorados, vestuario, atrezo, música, etc.

Prepárate, que se abre el telón. ¡Emociones, a escena!

PONTE EN MARCHA

¿Qué vamos a hacer?

Los sentimientos son complicados. Por la mañana, unas veces nos levantamos llenos de energía, pero otras veces inexplicablemente estamos de mal humor. Unas cosas nos ponen tristes y otras nos hacen saltar de alegría. Según el momento, nos sentimos de distintas formas: irritables, agresivos, celosos, cariñosos, bromistas... Y a lo largo del día cambiamos nuestro estado de ánimo con facilidad, sin que nos paremos a pensar por qué. Sentirnos más o menos felices es algo que no podemos decidir siempre.

Los ritos expresan diferentes sentimientos y emociones mediante símbolos. Hay grandes rituales, como las celebraciones de las bodas, los bautizos y los entierros, que están asociados a momentos importantes en la vida de las personas. También repetimos pequeños gestos que tienen un significado especial, que nos ayudan a expresar sentimientos y a celebrar o afrontar experiencias, como apagar las velas de cumpleaños, llevar flores al cementerio o tomar las uvas en Nochevieja.

Las religiones tienen multitud de rituales para expresar todas las facetas de la vida humana y nuestra relación con Dios.

En las artes marciales, los combatientes se descalzan y se saludan antes del combate. También saludan al retrato del fundador del *dojo*. Es un signo de respeto que marca la diferencia entre una pelea y un combate deportivo. Es todo un ritual.

¿Qué queremos comprender?

1. Reconocer y expresar los sentimientos.
2. Comprender los rituales religiosos y sus símbolos.
3. Reflexionar sobre el significado y el sentido de la vida.

Nuestro desafío

Crear y representar un ritual sin palabras que exprese los sentimientos que intervienen en la búsqueda de la felicidad.

¿Conoces los teatros de marionetas, los de sombras chinescas, los mimos…? Cuando empezó el cine, los actores no hablaban, por lo que sus gestos y la música que acompañaba a las imágenes tenían que ser tremendamente expresivos. Para este proyecto podréis utilizar cualquier elemento excepto la palabra hablada.

Compañeros de camino

Crea tu equipo

1. Cada uno de los seres reales o imaginarios que aparece en una obra literaria, teatral o cinematográfica es un personaje.

   Si actuases en una representación teatral, ¿qué personaje te gustaría ser? ¿En qué obra actuaría tu personaje? Puedes elegir el personaje de una película, si te resulta más fácil.

- ¿Qué cualidades personales compartes con el personaje que has elegido?

- Para crear una buena obra, necesitáis diferentes personajes que se complementen unos a otros. Busca entre tus compañeros aquellos que tengan cualidades diferentes de las tuyas y completa la tabla.

Nombre	Personaje	Cualidad

Establece los roles

Una producción teatral no es solo el resultado final al que podemos asistir como público. Una obra conlleva mucho trabajo en la parte de atrás, «entre bambalinas», además del trabajo previo desde mucho tiempo antes de la representación.

En esta obra, todos seréis actores, pero además necesitáis un guionista, un responsable de la música y el sonido, un encargado de atrezo y un director de escena.

2. Para que vuestro equipo funcione bien, vais a planteaos dos preguntas: qué necesitáis hacer y de qué se va a encargar cada uno de vosotros.

   - Elaborad una lista de todas aquellas cosas que pensáis que vais a necesitar. Podéis ir completándola a medida que avanza el proyecto.

3. Decidid de manera consensuada cómo repartir los roles para que el equipo salga beneficiado.

- ¿Qué crees que es lo mejor que vas a aportar al grupo?

- ¿Y qué crees que te va a costar más?

- ¿Qué dificultades podrían surgir? ¿Cómo las solucionaríais?

Experiencias que nos interpelan

Diccionario de los sentimientos

En el *Diccionario de los sentimientos* (de José Antonio Marina y Marisa López Penas), un extraterrestre llamado Usbek llega a la Tierra y quiere saber cómo son los humanos realmente por dentro. Se da cuenta de lo importantes que son los sentimientos y decide elaborar un gran diccionario que los describa todos.

1 Lee estas definiciones.

miedo
Angustia por un riesgo o daño, real o imaginario.

alegría
Sentimiento grato y vivo.

tristeza
Aflicción, pesadumbre.

odio
Antipatía y aversión hacia algo o hacia alguien cuyo mal se desea.

serenidad
Sosiego, paz física o moral.

cariño
Inclinación de amor o afecto que se siente hacia alguien o algo.

euforia
Entusiasmo o alegría intensos, con tendencia al optimismo.

optimismo
Propensión a ver y juzgar las cosas en su aspecto más favorable.

pesimismo
Propensión a ver y juzgar las cosas en su aspecto más desfavorable.

2 Completa la tabla y responde a las siguientes cuestiones:

- Elige cinco sentimientos positivos. Después, describe qué los provoca.

Sentimientos	Causas

- ¿Qué haces cuando te sientes así?

3 ¿Qué sentimientos observas en estas imágenes?

4 Ahora retoma los sentimientos de las definiciones y describe cómo los reconoces en los demás.

- ¿Cómo sueles reaccionar ante ellos?

- Pon ejemplos de situaciones en las que los has percibido de forma intensa.

Para el ritual

- Los emoticonos se han puesto de moda. Los incluimos en nuestros mensajes, wasaps y en las redes sociales para expresar sin palabras todo tipo de sentimientos y emociones. Crea tus propios emoticonos para usarlos en la representación.

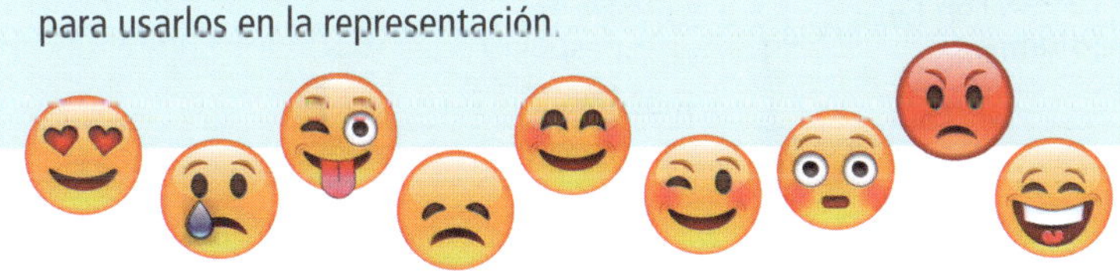

La Palabra que nos lee

Elías en el monte Horeb

Cuando Elías llegó al monte, entró en una gruta y pasó allí la noche. El Señor le dirigió su palabra: «¿Qué haces aquí, Elías?».

Él respondió: «Me consumo de celo por el Señor todopoderoso, porque los israelitas han roto tu alianza, han destruido tus altares y han matado a tus profetas. Solo he quedado yo, y me buscan para matarme».

El Señor le dijo: «Sal y quédate de pie ante mí en la montaña. ¡El Señor va a pasar!».

Pasó primero un viento huracanado que partía las montañas y resquebrajaba las rocas, pero el Señor no estaba en el viento. Al viento le siguió un terremoto, pero el Señor no estaba en el terremoto. Al terremoto le siguió un fuego, pero el Señor no estaba en el fuego. Al fuego le siguió una brisa suave.

Elías, al oírla, se cubrió el rostro con su manto y, saliendo afuera, se quedó de pie a la entrada de la gruta. Y una voz le preguntó: «¿Qué haces aquí, Elías?».

1Re 19,9-13

Elías, el gran profeta, acude a la montaña para encontrarse con Dios.

Eran tiempos difíciles. El pueblo atravesaba una época de crisis religiosa sobrevenida por la estabilidad política y la prosperidad económica. Estos factores contribuyeron a que los israelitas se ocuparan de sí mismos, de sus negocios, y se olvidaran de Dios y de todo lo que había hecho por ellos. Elías acude a la montaña porque sabe que Dios le va a confiar una misión.

Elías no ha visto nunca a Dios, no conoce su rostro, no sabe tampoco cómo se va a presentar. Solo sabe que se va a encontrar con Él. Desconoce la forma, el modo y el momento. Ese desconocimiento que al mismo tiempo conlleva la seguridad del encuentro recibe el nombre de **misterio.**

Dios es un misterio. Como Elías, sabemos que Dios existe, pero desconocemos cómo se revelará. Solo Jesucristo, en el Nuevo Testamento, hará que ese misterio se aproxime más a la experiencia humana.

1 Analiza la situación que se narra en el texto.

- Describe cómo se encuentra Elías, qué siente, qué crees que está pensando.

- Realiza un listado con las palabras clave que aparecen en el texto.

Palabra	¿Por qué crees que es clave en el texto?

- ¿Cómo explicarías con tus palabras la experiencia de Elías?

- ¿Qué imágenes de las descritas en el texto piensas que son las más relevantes? Elige una y dibújala.

- ¿Qué mensaje extraes del texto?

Jesús lava los pies a sus discípulos

Durante la cena, Jesús, sabiendo que había venido de Dios, que volvía a Dios y que el Padre le había dado toda autoridad, se levantó de la mesa, se quitó la ropa exterior y se puso una toalla a la cintura. Luego vertió agua en una palangana y comenzó a lavar los pies de los discípulos y a secárselos con la toalla que llevaba a la cintura.

Cuando iba a lavar los pies a Simón Pedro, este le dijo:

—Señor, ¿vas tú a lavarme los pies?

Jesús le contestó:

—Ahora no entiendes lo que estoy haciendo, pero más tarde lo entenderás.

Pedro dijo:

—¡Jamás permitiré que me laves los pies!

Respondió Jesús:

—Si no te los lavo no podrás ser de los míos. (…)

Después de lavarles los pies, Jesús volvió a ponerse la ropa exterior, se sentó de nuevo a la mesa y les dijo:

—¿Entendéis lo que os he hecho? Vosotros me llamáis Maestro y Señor, y tenéis razón porque lo soy. Pues si yo, el Maestro y Señor, os he lavado los pies, también vosotros debéis lavaros los pies unos a otros. Os he dado un ejemplo para que vosotros hagáis lo mismo que yo os he hecho. Os aseguro que ningún sirviente es más que su señor y ningún enviado es más que el que lo envía. Dichosos vosotros, si entendéis estas cosas y las ponéis en práctica.

Jn 13,2-17

2 Investiga la importancia del lavado de los pies en tiempos de Jesús. Contrasta tu información con tus compañeros y anota las nuevas ideas. Después, responde a las preguntas.

- ¿Por qué es importante el gesto realizado por Jesús?
- ¿Qué crees que Jesús le expresa a sus discípulos con ese gesto?
- ¿Algo tan sencillo puede ser un gesto profundo? ¿Por qué?
- ¿Qué otros gestos sencillos y cotidianos denotan respeto, admiración, cariño o apertura sincera al otro?

Una mujer derrama perfume sobre Jesús

Seis días antes de la Pascua fue Jesús a Betania, donde vivía Lázaro, a quien había resucitado. Allí hicieron una cena en honor de Jesús. Marta servía, y Lázaro era uno de los que estaban a la mesa comiendo con él. María, tomando unos trescientos gramos de perfume de nardo puro, muy caro, perfumó los pies de Jesús y luego los secó con sus cabellos. Toda la casa se llenó del aroma del perfume.

Mt 26,6-13; Mc 14,3-9

3 Responde a estas cuestiones sobre el texto.

- ¿Qué conexión encuentras entre este texto y el anterior?

- Expresa con palabras lo que la mujer le dice a Jesús con ese gesto.

Para el ritual

- ¿Cuáles de estos mensajes o experiencias podríais incorporar a vuestra representación? ¿Cómo podríais hacerlo?

Comprendemos nuestra fe

La necesidad de sentido de la vida

Para sobrevivir, las personas tenemos que aprender:

- a desenvolvernos en el medio físico,
- a relacionarnos con los demás,
- y algo menos concreto pero igualmente necesario, que tiene que ver con el significado y el sentido de la vida y con el conocimiento de la realidad.

En algún momento, el ser humano se pregunta cómo hemos llegado al mundo, por qué las cosas son así y no de otra manera, cuál es el significado de la vida humana, cuál es el origen del mundo, etc.

Esa pregunta busca, como por intuición natural, la «re-ligación» (de ahí la palabra *religión*) con el fundamento del ser, de la existencia.

Seguro que te haces preguntas a las que no puedes encontrar una respuesta solamente tocando, midiendo, observando...

Por ejemplo, cuando alguna vez al despertarte para ir al colegio te has preguntado: ¿qué hago yo aquí? ¿Qué sentido tiene despertarme cada día? O cuando te sientes solo aunque estés rodeado de gente. O si ves un atardecer o un cielo estrellado asombroso y te preguntas: ¿quién ha hecho esta inmensidad, esta maravilla?

Otras veces estas preguntas vienen de toparnos con la fragilidad, o de experiencias relacionadas con la enfermedad, la muerte o la pérdida. Es entonces cuando nos preguntamos: ¿por qué?

La búsqueda de la felicidad

Todas estas preguntas surgen por el deseo de felicidad del ser humano. Este «movimiento» interior de búsqueda de plenitud es la respuesta a esa llamada inicial del Padre, que reclama a cada hijo. Esa llamada escrita en la conciencia. Esa palabra primera de Dios sobre cada uno de nosotros en forma de voz interior y de eco.

Esta experiencia acompaña desde el principio de los tiempos al ser humano, que busca darle respuesta de diferentes modos, a través de las distintas religiones. Porque las personas somos las únicas criaturas de la naturaleza capaces de Dios, hechas a su imagen.

1. Responde a las preguntas.

- ¿Alguna vez te has sentido como se describe en el texto? ¿Cómo ha sido la experiencia?

- ¿En qué momentos te has formulado alguna de estas cuestiones sobre el sentido de la vida? Argumenta tu respuesta.

Las pruebas de la existencia de Dios

Santo Tomás de Aquino nació en Italia en el año 1224. Fue un gran filósofo y teólogo.

Santo Tomás no tenía dudas sobre la existencia de Dios. Decía que si pensábamos en las pruebas de su existencia podíamos ver lo que estas nos mostraban: la presencia de Dios.

Estas son algunas de sus intuiciones:

1. El universo, en su inmensidad y perfección.
2. Las cosas del mundo son contingentes, es decir, están sujetas a su nacimiento y su destrucción. Si todo fuera así, esto significaría que alguna vez hubo «la nada», pero de la nada no sale nada.
3. En el mundo existen cosas buenas y cosas malas. Por lo tanto, tiene que existir un ser que contenga en sí mismo todas las perfecciones en grado máximo y que sea causa de las perfecciones parciales de los seres sensibles. Y este ser es Dios.

Santo Tomás de Aquino.

2 Comenta con tus compañeros las siguientes cuestiones:

- ¿Qué os parecen estas intuiciones? ¿Creéis que prueban la existencia de Dios? Apoyaos en ejemplos para justificar vuestras respuestas.
- ¿Cómo expresamos lo que nos supera, lo que a veces no entendemos o no se puede expresar con palabras?

La experiencia de Dios

Igual que el enamoramiento es una experiencia común pero que se expresa de manera individual, original y única en cada pareja, así es la experiencia religiosa.

A ti te toca ir dando forma a tu historia con Dios.

A veces el lenguaje no puede expresar todo el sentir de los que están enamorados: tienen muy claro lo que sienten pero no pueden expresarlo en su totalidad.

Así ocurre también en la experiencia de Dios, que se topa con nuestra incapacidad para nombrar, para decir, para contar... y recurre a metáforas (fuego, vida, agua, luz, bodas...) o a gestos, como los ritos, que marcan un espacio, un tiempo y un ritmo para Dios en nuestra vida cotidiana.

3 Retoma alguna de las experiencias que has detallado anteriormente sobre la búsqueda del sentido de la vida y trata de expresar con símbolos, colores o gestos lo que viviste en ellas.

Para el ritual

- ¿Puedes llevar alguna de estas experiencias a la representación?

La cultura nos habla de Dios

Las obras de arte que conservamos de la antigüedad, tanto de arquitectura como de pintura, escultura, escritura... son sobre todo obras religiosas.

A lo largo de la historia perdura la necesidad de mostrar ese deseo de trascendencia (de ir más allá de lo que percibimos con los sentidos), que es connatural al ser humano.

Templos megalíticos y ceremonias en la prehistoria

Los megalitos son grandes piedras que aluden a manifestaciones funerarias diversas, como el culto al sol. Fueron utilizados principalmente en la antigüedad y son el legado de las actividades rituales de nuestros antepasados prehistóricos.

Los diferentes tipos de megalitos clasificados según su forma son: el menhir (o monolito), el crómlech (o círculo formado por varios monolitos), el alineamiento de monolitos y la cámara funeraria (por ejemplo, el dolmen).

En la península ibérica, las construcciones funerarias megalíticas se encuentran en muchos lugares y son muy diversas. Parecen estar en lugares propicios para observar las estrellas, pero ¿qué ceremonias o rituales se celebraban allí?

1. Imagínate que estás en el centro de un círculo megalítico.
   - ¿Qué preguntas te surgen acerca del mundo y de la vida?
   - Dibuja un círculo y un cuadrado. Después, apunta en torno a ellos y en su interior lo que te sugieren.
   - Dibuja a grandes rasgos tu silueta y anota en torno a ella y en su interior todo lo que te sugiere. Saca tus propias conclusiones.

El símbolo del círculo

El círculo es un símbolo universal. Está presente en todas las religiones. Sin principio ni fin, representa la eternidad, a Dios, el cielo (morada de Dios). En la iconografía cristiana se ha empleado con frecuencia para simbolizar la perfección de Jesucristo.

Quizá no es casual que el ábside de las catedrales, donde se sitúa el presbiterio en torno al altar, sea semicircular; un círculo abierto al resto del templo, que tiene forma de cruz.

Presbiterio de la iglesia de San Francisco Javier (París).

2 Responde a las siguientes preguntas:

- ¿Cuál piensas que es la razón por la que los templos cristianos no son totalmente circulares?

- ¿Crees que Jesucristo marca un hito en el tiempo?

La religión y los ritos en la prehistoria

Las ceremonias funerarias son universales y tan antiguas como el ser humano. La tumba, en sus diferentes formas, es el más elemental modo de expresión religiosa. A su vez, representa uno de los testimonios más concluyentes de la creencia en la otra vida.

Las pinturas rupestres que encontramos en el interior de las cuevas nos asoman al misterio que envuelve su realización.

3 Observa esta imagen de una pintura rupestre y responde.

Cueva de las manos (Argentina).

- ¿Qué sentimientos te imaginas que querían expresar sus autores?
- ¿Qué idea tendrían de Dios?

Para el ritual

- ¿Qué ideas te han venido a la mente que puedes volcar en la representación?

Rompiendo moldes

Peter Deno

Peter Deno es uno de los creadores e impulsores del método de Expresión Corporal de lo Sagrado en el ser humano. Este método surge desde el interés por experimentar lo sagrado en uno mismo y en los otros.

1 Responde a las siguientes preguntas:

- ¿Qué te sugiere el nombre del método? ____________________

  ____

- ¿Cómo explicarías la relación entre la expresión corporal y lo sagrado?

  ____

  ____

2 Observa y compara las fotografías. A continuación, comenta con tus compañeros.

- ¿Qué elementos tienen en común?
- ¿Qué sentimientos observas en cada una de ellas?
- ¿Qué tipo de movimientos o expresiones corporales crees que te ayudarán a entrar en conexión con la trascendencia?

3 Busca fotografías de órdenes religiosas dedicadas a la contemplación y piensa qué conexión hay entre esas imágenes y lo visto en esta página.

Para el ritual

- ¿Cómo expresaréis lo corporal y espiritual en vuestra representación? ¿En qué momento aparecerá? Esboza algunos dibujos para compartirlos con tus compañeros.

Alex Grey

Alex Grey es un artista cuya influencia espiritual llega a muchas personas en todo el mundo. Y lo hace a través del arte, especialmente a través de su pintura. En ella, los colores vivos y la carga simbólica trasmiten profundidad y conexión trascendente.

4 Observa las obras de Alex Grey y responde.

- ¿Qué conexión encuentras entre estas obras y lo trabajado hasta ahora en el proyecto?

- ¿Qué colores elegirías tú para expresar…?
  - La necesidad de la amistad:
  - Lo desconocido:
  - Lo que te emociona:
  - La búsqueda de Dios:

Para el ritual

- ¿Qué importancia tendrán los colores y los dibujos en vuestra representación?

5 ¿Te atreves a conectar todos esos colores en una pequeña obra pictórica? Realiza aquí tu borrador.

Coge el testigo

1 Piensa qué merece ser contado a todo el mundo sobre el sentido de la vida y sobre la apertura a la trascendencia.

- A continuación, inventa eslóganes que expresen el verdadero sentido de la vida y lo que merece la pena. Fíjate en el ejemplo y haz otros parecidos.

Haz que tus SUEÑOS se hagan REALIDAD

- Pasead por la clase y votad los mejores eslóganes. Podéis hacer carteles con ellos y colgarlos en las paredes del aula y en los pasillos del centro.

Para el ritual

▸ ¿Cuál será el mensaje fundamental de vuestra representación? ¿Qué haréis para que quede suficientemente claro?

El lenguaje de las redes sociales

¿Sabías que el papa Francisco es uno de los tuiteros más seguidos y retuiteados? Aquí tienes alguna muestra de sus tuits.

Papa Francisco ✔
@Pontifex_es
Jesús ha dado sentido a mi vida aquí en la tierra, y me da esperanza para la vida futura.
6 dic 2016
554 respuestas 9.687 retuits 19.122 me gusta

Papa Francisco ✔
@Pontifex_es
El amor es en el fondo la única luz que ilumina constantemente a un mundo oscuro.
14 abr 2016
464 respuestas 16.182 retuits 20.494 me gusta

2 ¿Cómo expresarías estas ideas en 140 caracteres?

- El amor es lo más importante: ______
- Descubre el sentido de la vida: ______
- Aprende a expresar tus sentimientos: ______

El lenguaje publicitario

El lenguaje publicitario se utiliza para convencer y para vender. Para crear un buen mensaje publicitario hay que tener en cuenta a qué publico se dirige y cuál es el mejor canal para llegar a él.

3 Investiga cuáles son las características del lenguaje publicitario.

- Después, piensa qué tipo de anuncio podríais hacer para publicitar vuestra representación.
- Comparte tus ideas con tus compañeros.

Para el ritual

▸ ¿Cómo anunciaréis vuestra obra a la clase?
______

Anunciamos lo que somos

1 Haced una lista con rituales en los que se vea la relación con lo trascendente o el cuidado de los sentimientos y las necesidades humanas cotidianas. Por ejemplo: bendecir la mesa, los himnos nacionales y los saludos en las competiciones deportivas…

- ¿Qué tienen en común todos estos rituales?

- Compartid los ritos que habéis escrito entre los miembros del grupo y después con otros grupos de la clase. Tomad nota de los ritos que podáis incorporar a vuestro listado.
- ¿Cuáles te parecen más interesantes? ¿Por qué?

2 Piensa en momentos del día o acontecimientos especiales que te gusten sobre los que imaginar y diseñar un rito. Por ejemplo: el comienzo de la jornada escolar, un aniversario, el inicio del mes…

- Comparte en el grupo los momentos que has escrito y añade las ideas que te gusten de tus compañeros.
- Elegid entre todos el momento sobre el que haréis vuestro ritual.

- ¿Qué sentimientos están relacionados con el acontecimiento elegido?

- ¿Qué otros sentimientos podríamos representar? ¿Por qué?

Ideas para inspirarte

3 Piensa qué gestos, movimientos, colores, formas o sonidos podrían transmitir mejor los sentimientos que queréis expresar. Completa la tabla con al menos tres expresiones por cada sentimiento.

Sentimiento	Expresiones

4 ¿Qué tipo de espectáculo podría encajar mejor para vuestra representación «sin palabras»? ¿Por qué habéis tomado esa decisión?

5 Elaborad un borrador, esquema o guion de la representación que vais a realizar.

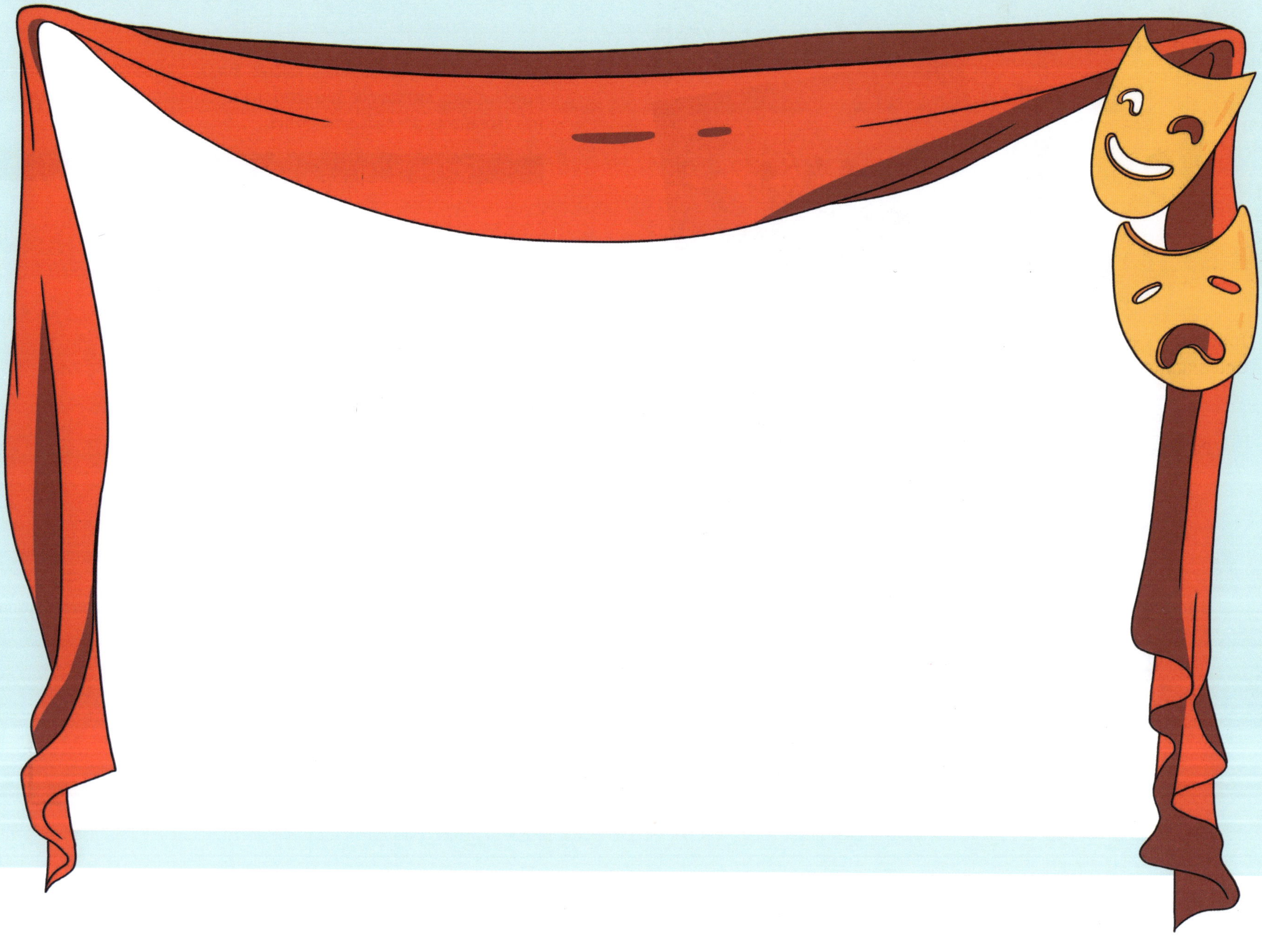

Todo debe estar bien preparado para el día de la representación. Una planificación y una ejecución perfectas deben ir de la mano.

6 Poneos de acuerdo en el grupo y responde a estas preguntas.

- ¿De cuánto tiempo disponéis para la preparación?
- ¿Cuándo podríais realizar los ensayos?
- ¿Qué materiales son necesarios?
- ¿Y para el día de la representación, qué necesidades técnicas tendréis: luz, sonido, disposición de la clase, etc.?

7 Compartid las respuestas a todas estas preguntas con vuestro profesor y realizad un cronograma de planificación.

Día	Tarea	Responsable	Comentarios

8 Ya está todo preparado. ¿Qué sentimientos te afloran? Exprésalos con un color y un símbolo, pero sin palabras.

Párate y mira

- Durante las representaciones de los otros grupos, toma nota de los elementos fundamentales y, a continuación, completa la tabla. Asigna un color a cada grupo.

Nombre del grupo	Tipo de representación	Color asignado	El rito es para…	Sentimientos representados

- Evalúa el trabajo de los otros grupos con esta diana. Une los puntos en la diana con el color que le hayas asignado previamente a cada grupo.

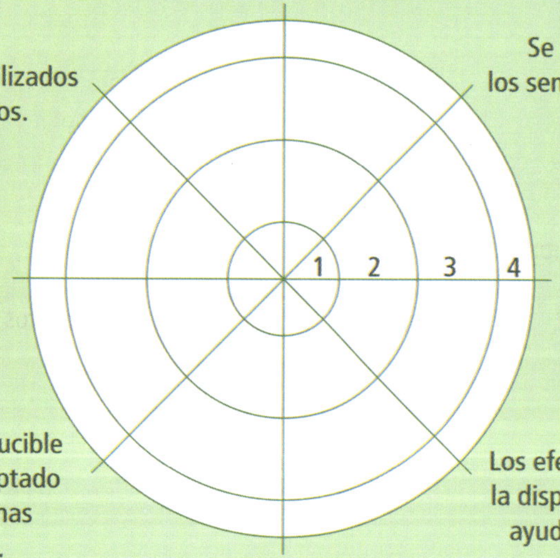

Autoevaluación del trabajo en grupo

- ¿Estás satisfecho con el trabajo personal realizado? ¿Por qué?

- ¿Y con el de tus compañeros? ¿Por qué? Especifica sus nombres. Luego comparte con ellos tu opinión.

Nombre	Opinión

- Escribe las aportaciones de tus compañeros sobre tu trabajo.

- ¿Qué objetivos de mejora podrías proponerte para tu trabajo en el próximo proyecto? Explica por qué.

- Para terminar, reflexiona y completa.
  - ¿Qué ideas tienes ahora sobre el sentido religioso del ser humano?
  - ¿Qué sabes ahora sobre los ritos y la comunicación con la trascendencia?
  - ¿Qué aspectos de la fe cristiana comprendes mejor ahora?

kumi